glasklare nacht

rudi behnke

glasklare nacht

edition lichtblick - oldenburg

alle rechte der texte und bilder liegen
beim autor und maler
rudi behnke

inhaltsverzeichnis

vorwort	7
glasklar	9
augen ohne gesicht	11
gedanken besteck	14
im land der sonne	15
mutter	17
gefahren der tiefe	19
plastik-morbid	21
gläserne tränen	22
bonbon	27
hast mich nie gefragt	28
in der stadt megalith	30
trojanisch	31
zargen	33
eiserne ringe	34
engel aus staub	35
leidenschaft	39
anarchie	40
name für sehnsucht	41
zeitsplitter	42
deplopie	43
vogelfrei	44
rosen aus stahl	47
plasmogonie	49
androgyne	51
aron-computer	52
freiheit	53
wo	54
touché	55
allein zu zweit	57
gebranntes kind	59

der schlüssel zum glück	60
die junge zeit	61
maskerade	63
total	65
steinschlag	66
fahrerflucht	67
fessel-flirt	69
profillos	70
himmel und hölle	71
nenn es liebe	73
fang die zeit	74
die zeit im neuen kleid	77
flieg vogel flieg	79
konkav konfex	80
du eitle zeit	81
das versunkene morgen	83
der autor	84

vorwort

auf der suche nach
dem ich
dem du
dem wir
mit der ganzheit
der zerrissenheit
der sehnsucht
nach harmonie
nach liebe
zwischen wünschen und träumen
die suche nach erfüllung
auch wenn es nur träume sind
in unserer phantasie
bleibt der schmerz
wir träumen von
einer besseren welt
einer neuen Welt
wir träumen
von einem neuen adam
wir schaffen uns
einen neuen kosmos
wir leben in einer parallelwelt
in der werden gezeugt
neid
hass
ausbeutung
gewalt
tod

glasklar

am morgen wache ich auf
und sehe dein gläsernes herz
ins wasser tauchen
das ist dein geheimnis
ich muss früh aufstehen
sagtest du mir
warum ist mir jetzt klar

dein gläsern herz
in gläserner brust
dein gläsern schmerz
in gläserner lust
ein gläsern schnitt
in glasklarer nacht

augen ohne gesicht

auf der suche
nach der welt von morgen
werde ich finden fantasien in glas
spiegelwirren inmitten
der splitternarben
lieblingsfarbe   schwarz

kugelaugen lauern
hände stechen ins glasgespinse
finger tauchen auf im netz
blutig lange splitter hängen
dornenaugen halten fest

fragen die artefakte
wo die tür des lebens ist
werfen sie auf
werfen sie zu

jagen den wind
jagen das wasser
es wird die schwärzeste nacht

in mauernischen lauern sie
aus mauernischen starren sie
jagen den wind
jagen das wasser

zuckersüß schmeckt der harte stein
und das menschenfleisch

jagen den wind
jagen das wasser
zuckersüß schmeckt der harte stein
und kein morgen erwacht

spur der steine
schritte aus schatten
saphirzartes fleisch
hinter spiegelgläsernen türmen
spiele des tages
angst in der nacht

in deinem paradies ziehst du zäune
auf roten spitzen augen sitzen
münder saugen iris aus
augenwahl
augenmahl
augenschmaus

nehmt platz
buntgefiedert die augen
der mund
die schattenhand deckt den totentisch

gedanken besteck

ausgehöhlte suchen
hinter der schale
die fülle
sei stille
verzeih den seelen
ach diese gequälten löffel und gabeln
sprach das messer
und schnitt die fülle bei tische

im land der sonne

nacht für nacht dieses gewimmer
nacht für nacht
dieses grelle schreien
nacht für nacht ist es im zimmer
nacht für nacht dieses geschrei
dieses gewimmer der kinder
nacht für nacht
dieses flehende weinen
nacht für nacht steigt es auf
nacht für nacht
durchs offene fenster
geht durch mark und bein
nacht für nacht
ist es im zimmer
dieses flehende gewimmer

es ist die nacht der katzen
katzen fressen kinder
kinder fressen katzen

mutter

du fischst in kleinen kanälen
und pfützen nach fischen
die beste sorte
macht mich betrunken
eine andere lässt
meine fischaugen brennen
mutter
du fischst in kleinen kanälen
und pfützen nach fischen
die beste sorte
macht mich blind
und ich lerne
nicht so schnell das laufen
mutter
du fischst in kleinen kanälen
und pfützen nach fischen
die beste sorte
lässt mich blass werden
eine andere
macht mich stumm

gefahren der tiefe

wo die lärche singt
spielen wir
im baum
hängt ein goldfisch
der stinkt

meine welt steht kopf
mit verklapptem blick

die vollmondnächte
sind unschuldig
bauen keine brücken
über den abgrund

und die kreuzotter stirbt
bei sonnenuntergang

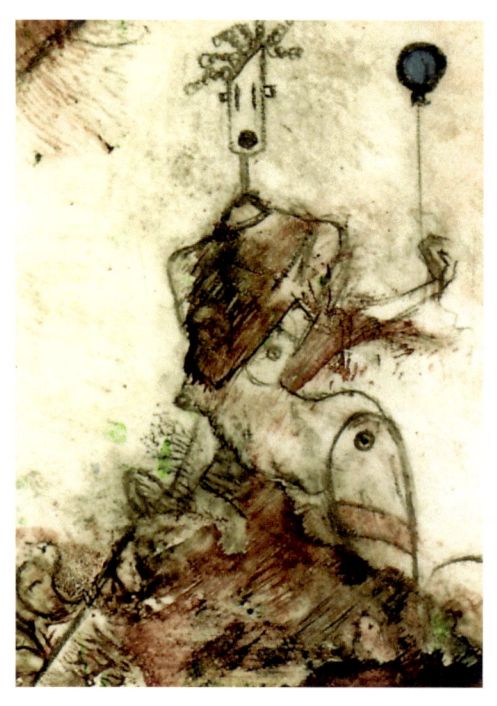

plastik-morbid

wir werden plastik
pflanzen
wir werden plastik
ernten
wir werden plastik
fressen

wir werden
in den plastikhimmel reiten
wir werden
auf plastikwolken
plastikengel ficken

wir werden
plastik pflanzen in plastikbäuche
es werden
plastikpuppen auf plastikwiesen spielen

wir werden es ernten
wir werden es fressen
wir werden daran ersticken

gläserne tränen

höhlenwelt ohne sonne
spielraum ohne wärme
ein hochhaus steht in flammen

ruf mich an
ein ferner schrei
im flutlicht der stadt

götterbild oder attrappe
ich beschwöre dich
lass rosen blühen am abend

meine puppe
mein teddybär
stehen hell in flammen
lieben sich im häusermeer

kalte herzen irren umher
frisch gestrichen und geteert
pech gehabt atemloser

treibsand bedeckt das meer
auf der suche nach der rose

zum schweigen verurteilt
einmal ist nicht genug
hab ich deine liebe nur

du hast in den sand geschrieben
steinerne jahre
setzen auf sieg
auch wenn der schein trügt

tod im winter
zeit des abschieds
still ruht der see

was du unter haltung verstehst
ist der kampf mit der kälte

in stahl und eisen zu erzittern
steht in keinem verhältnis

wahn des herzens
nicht versöhnt auf dem weg

das grün der bergwiese
der klare bergsee im sommerlicht
Im sonnenlicht eine perle

das grün der bergwiese
der klare bergsee
kennen deinen namen

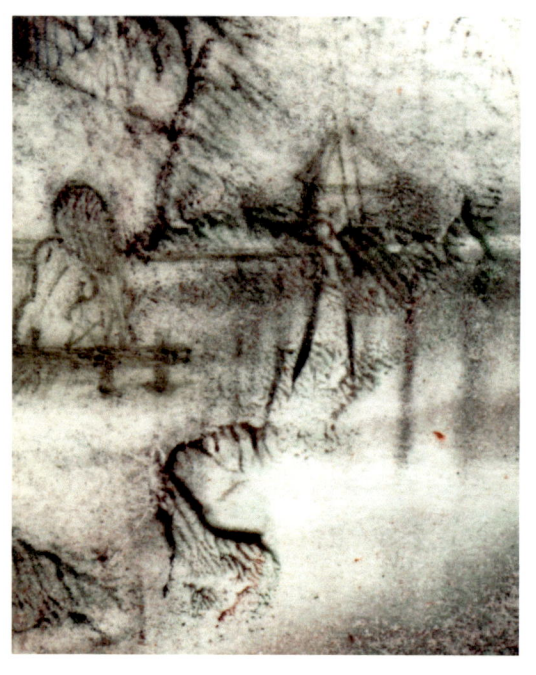

du hast keine tränen
kannst schon lange nicht mehr weinen
ach du tränenmeer unter betonsteinen

der see ruht still in seinem eise
fragt die tränen unter den steinen
die zerbrechlich leiden
wann sie wieder fließen

wenn die tränen der einsamkeit
zu eis gefrieren
wenn der kalten nebelschleier kleid
dir die seele wird erstarren
und der hoffnung schein
nur ist ein schwaches sein
dann werden sie tauen
und sich vom eise betreien

bonbon

die puppe schützt die raupe
wer schützt dich mein kind
kinder die mit puppen spielen
tun nichts böses

fliege bunter luftballon
und bring mir viele
viele bonbon
vater schenkte sie mir
gehüllt in rosa glanzpapier

die puppe schützt die raupe
wer schütz dich mein kind

hast mich nie gefragt

mein kind was wünschst du dir
siehe es dunkelt sehr

hab es dir noch nie gesagt
ein leben lang wollte ich
fliegen schon
hast mich nie gefragt
hab mich nie gewagt
mutter hast mich totgeboren
schweigst
damit ich dich noch mag

mein kind was machst du da
überall in den baumspitzen
lasse ich engelein blitzen
siehe nur mutter wie sie baumeln
leuchtend schön mit silberhaar.´

siehe mein kind
es dunkelt sehr
was wünschst du dir
ein besonders lang brennendes
grablicht mit blauem deckel
schrieb es auf einen zettel.

warum ist es im wald so kalt
warum ist es im wald so still
meine mutter

hab es dir noch nie gesagt
ein lebenlang
wollte ich fliegen schon
hast mich nie gefragt
hab mich nie gewagt

in der stadt megalith

kachelklang am
spinnenfenster
silberfische
kakerlaken
kellerasseln

rasseln reiten ratten zu
zeugen kellerkinder

trojanisch

es waren die morschen knochen
die gebaren morsche knochen
galopp
galopp

es waren die morschen knochen
die gebaren morsche knochen
da war der krach

es sind die morschen knochen
die halten wach
erinnerungen aus kinderzeiten

es sind die morschen knochen
die auf einem holzperd reiten
hopp
hopp
hopp

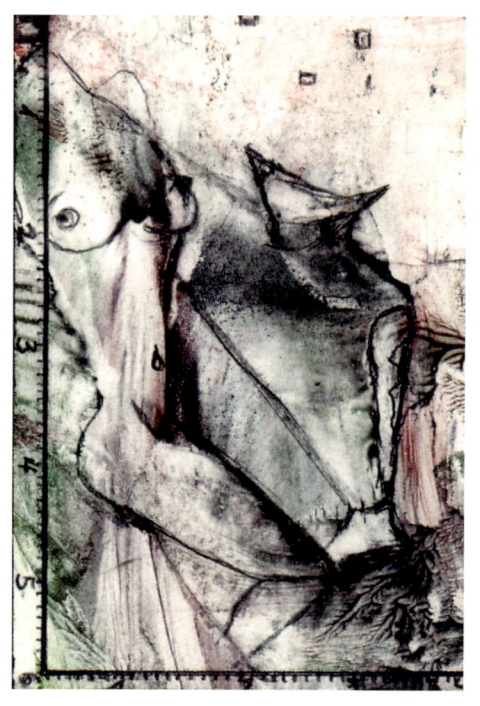

zargen

schau dich um nach den zargen
im schwankenden boden
schau dich um

ein offener zirkel zieht seine kreise
dreht sich
dreht sich
dreht sich
ein offener zirkel
ohne zweifel

schau dich um nach den zargen
im schwankenden boden
schau dich um

eiserne ringe

der dunkle horizont
wartet auf regen
der wald ist versteinert
eine freudlose gasse
am rande der nacht
fließt noch wasser

vier eiserne ringe
krümmen
schwingen
erstarren

mauern stürzen
steinerne flüsse
schwere wasser
eiserne ringe
in die nacht

engel aus staub

so einfach ist die liebe nicht
mein engel
im palast der winde ist hitze
und staub
die stimme des mondes nicht silk
und das feuermal
auf schweigenden lippen
stillt nicht den treibsand
unter der haut

auf der insel am ende der welt
engel aus staub
sie tränkten mich in sturmangst
eine woge der stille ergriff mich
durch das auge
trug mich auf
höher und höher
weiter und weiter

ich sog der zeit erschlafften brüste
und die schamröte kannte kein rot
und die lust schlief
im geilen gestein

die helligkeit erwacht
im zwielicht der zeit
schattenspiele begreife ich nie
kleine fluchten ziehen ein

die wahrheit
hängt am seidenen faden
leichter als luft
mit gelähmten schwingen

wenn sandhügel
in deinen schoß rieseln
ohne lust aufzuwiegeln
und in den toten dünen
den akt als auferstehung
einer neuen welt sehen

dann lass die sandrose erzählen
vom kopffeuer im zyklus der schlange
vom nackten tango
von streifzügen
von federleichten spielen
schwarzer kunst

silbermund
schlangentanz

schlangenkuss
schlangenbiss

totentanz

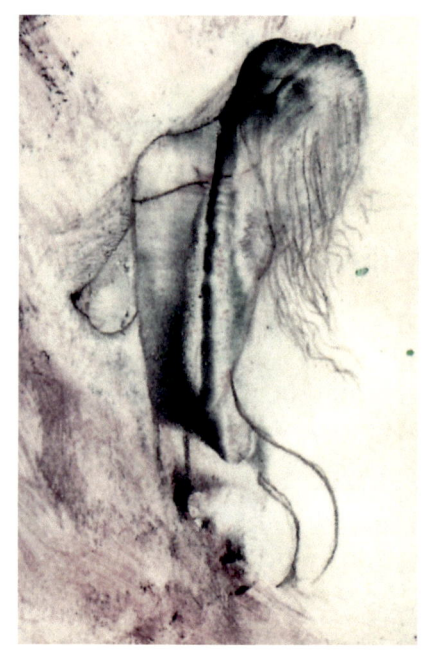

leidenschaft

zart umspielst du meine lenden
woge der sinnlichkeit
hebst mich empor
lässt meinen leib wohlig erschauern
du entfachst meine seele
tauchst mich ein
in dein verzehrendes feuer

anarchie

fische die schlange stehen
in rasender sehnsucht

hennagetauchte
safrangespinste
bittersüßer kalmus
zierde der begierde
machen mich trunken

eingemauert
die liebe
schlafend
auf den hügeln
schwarzer tau
mit flügeln

gleitet
in die glut

leidet
in den fluten

ertrinkt
mit dir

name für sehnsucht

leg mir fesseln an
im kreise der angst
damit ich sagen kann
ich habe dich geliebt

am anfang war das wort
am ende ist ein vorbei geboren

das erste lied der welt
war das lied der schmerzen
wie ein wilder strom
treibt es friedlos dahin

ein name für sehnsucht

der hunger danach
hat dich verändert

zeitsplitter

spiegelglanz
mosaik
zerbricht
stück für stück
vergisst
nicht
was ist
was war
was bleibt
schnitt für schnitt

deplopie

die naht
auf blutigem sehen
wandert
diagonal
horizontal
vertikal
auf fernen sternen

ob blinde sterne zählen

vogelfrei

am anfang war der jüngste tag
raubnacht der engel
in der mitternachtssonne
verloren ein prisma
schau ins nirgendwo
träume sind blind
nackt der tag
schreie erstickt im wind

die nacktheit wehrt sich nicht
kein weinen
kein hilfeschrei
die geraubten küsse schmecken
nach blut
die zärtlichkeiten sind peitschenhiebe

mörderisches liebesspiel
fesselt den verstand

der zufall der gewalt
kann dich überall treffen
du stehst jeden tag
auf dem todesstreifen

mensch oder bestie
tödliches doppelspiel
blutiger reigen
phantome begleiten den tod

welt ohne sehkraft
hält den wind in den händen
salz und pfeffer suchend
an den ufern der stille
wenn glocken läuten
friert sie wie ein friedhofsgänger

sucht in den bildern der zeit
geblendeter menschlichkeit
kranker seelen
sehende unter blinden

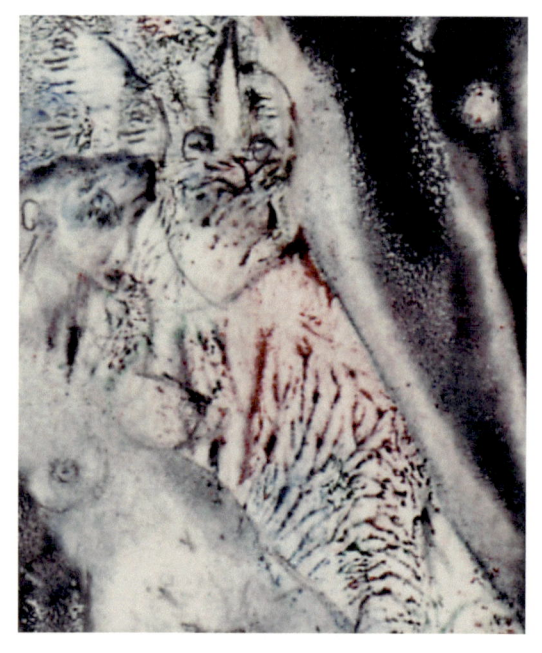

rosen aus stahl

ich brach eine rose
als sie mich stach schlief ich ein
es drehte drehte sich die welt

es drehte drehte sich die welt
bis die rose sprach
alles ist erotisch
erotisch ist alles
auch der tod

ich bin der versuchung verfallen
wenn es im kopf kribbelt
wie kleine spinnen
werde geschöpfe
des schreckens erfinden
mutanten die mondblut trinken

im garten des bösen
beginnt das teufelsritual
gebettet auf rosen aus stahl
werden sie dir das hirn vereisen
durch die pforte des fleisches
krampfadern lösen
die starren stiele
die in taubheit strotzen
erwecken

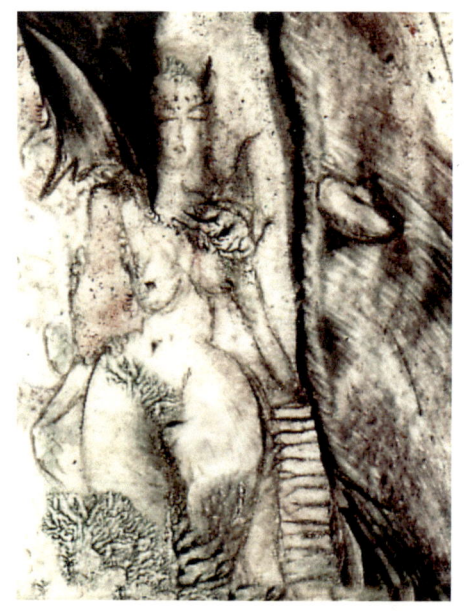

plasmogonie

es sind die grellen lichter
es sind die hellen sterne
es sind die neuen irrlichter
es sind die neuen sonnen
es sind die neuen körper
maß aller dinge

denn das ende der welt
ist mit allen wassern gewaschen
abgott ist das übersinnliche
das sein ist kalter schweiß

androgyne

der zauber deines tanzes
ist so perfekt
und unterscheidet sich nicht
von dem der mutanten
rosen zieren deinen schlanken hals
dein herz ist ein chip

aron-computer

automanie magie
euphorisch
neurotisch
versklavter seelen blindes sein
alles oder nichts

götterkult computerschrein
bete an die macht der manie
war so programmiert
computerchip in deiner seele

die angst reißt tiefe gräben
aufbruch der aggressionen
gnadenlos ohne hemmungen
aus trügerischer idylle

freiheit

diktatur der gefühle
eine macht der macher
freiheit die keine ist
freiheit der kühle
freiheit ohne fantasie
freiheit zur idiotie

künstliche intelligenz
dirigiert eine retorten generation
im einklang der demagogie

auf dem jahrmarkt der gefühle
kauf ich ein stück heile welt
frieden und freiheit
import und export

der krieg der sterne
liegt nicht in der ferne
und kein glücksstern fällt

wo

du hast vorstellungen
theorien
ideen einer liebe

du suchst wege
auswege
neue ziele

miteinander schlafen
ab und zu
vielleicht
noch

meine liebe
du hast dich verändert
unsere träume auch

touché

auch herzstiche
brauchen freiraum
vom blitz getroffen
flügel aus stahl
zittern
gleiten
brechen ab
schweigen
auf kaltem stein

allein zu zweit

wir treiben uns in die enge

unsere lieder sind die toten winde
ins wunderland führen keine wege
grenzen in letzter sekunde
machen uns schweigen

ich will laufen
in viele gesichter tauchen
glück haben
feuer schlagen
verbrennen
neu beginnen

gebranntes kind

pflastersteine
wo gibt es sie noch
meilensteine
ja doch
im brennenden bett

wenn es nicht brennen würde
wie feuer
könnte ich vergessen
wäre dieser schmerz nicht

der schlüssel zum glück

angst hat der schlüssel
angst hat das loch
wenn das licht ausgeht
kann nicht drehen
kann nicht sehen
kann nicht gehen
von zuhause weg

angst hat der schlüssel
angst hat das loch
wenn das licht ausgeht
kann nicht durch blicken
kann nicht durch schauen
nur eine viertel stunde
von zuhause weg

die junge zeit

morgen – gehaucht
luft – verbraucht

trüber blick
in schweigen gehüllt
im nebel einer life
geht sie
ston washed
indigoblau
und einer
cola light
die junge zeit

maskerade

wir flohen bei nacht
hals über kopf
hörig bis zur letzten sekunde
hatten mehrere gesichter
blieben unerkannt

maske in blau auf seidengom
zaubertanz fliegender fische
abschiedsblicke im flakon
und die zarten seitenstiche

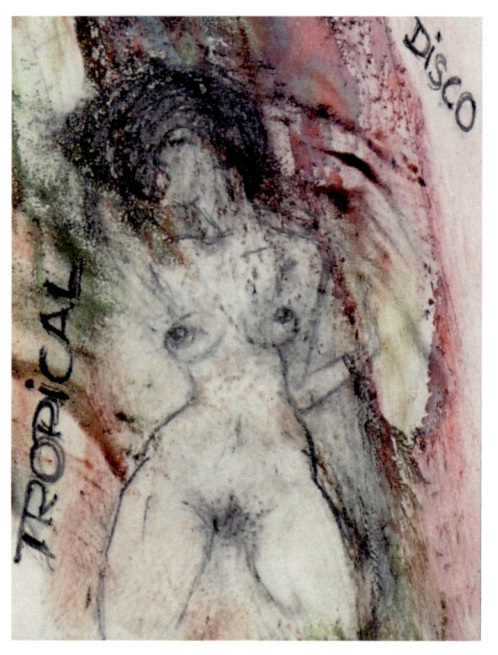

total

dein regenbogen ist ein laserstrahl
dein sonnenschein ein hallogen
dein kleid ist ein sternenglimmer
dein busen ist aus silikon
dein körper liebt die vibration
du liebst die liebe nur total

steinschlag

das tete-a-tete im straßencafe
der heiße flirt auf kaltem schotter
der presslufthammer der mit dir schlief
alternativ auf meiner schulter
so hautnah der freiheit geruch
auf dem trottoir
wie trefflich glatt sind worte da

fahrerflucht

jetzt dreht sich alles nur um dich
am knotenpunkt hatte deine liebe
einen unfall
trage sie schamlila auf den
seitenstreifen

sage nicht in einer tour
ich war auf der richtigen spur
ich war auf der richtigen spur

du wirst sie nie begreifen

für dich bin ich graffiti
und trage kettenhemden
bist mir über die haut gefahren
habe es nicht gespürt
hast mich kaum berührt

wenn ich allein bin
spiele ich mit gummienten
können schmusen
liebkosen
und duften wie ein kleines kind

fessel-flirt

leggings-haarspalterei
dialektischer lippenstoff
ein versuch der agonie
stilblüten ohne worte
spliss der phantasie
stiletto posen kosen
maschen laufen porentief
fessel-flirt in mauerritzen
glitzer-masche war nicht klar
neurosen auf brustspitzen
federn
flimmern
als accessoires

profillos

gib mir meine haut zurück
du hast sie angemacht
in zeiten wie diesen
auf die sanfte tour fahren
auf meinen lebenslinien
es könnte ein fehler sein

auf den ersten blick
gibt es keinen grund
doch nackt
habe ich noch perspektiven

himmel und hölle

ich hab den himmel
und die hölle geküsst
teufel und gott

himmel und hölle
wo ist da heiterkeit

wir spielen dieses spiel
himmel und hölle
mein ich und du

geh zum teufel
geh mit gott

himmel und hölle
auf und zu
auf und zu

nenn es liebe

brauchst du beweise
spiele der macht
nennst du sie liebe
du sagst es muss sein
dann tanze auf dem eise
du barfüßige nacht

wozu noch lieben
es ist mir ein trost
die flucht aus dem paradies
ist die flucht vor der liebe

fang die zeit

willst du auf wolken reiten
die wolken zerstreuen
mit einem kopfsprung
in den leeren raum

der zerbrochene mond
hat bunte flügel
sucht die auferstehung
ohne lüge

zwischen hoffen und bangen
trägt er den silberklang
hinter goldenen stangen
in deinen neuen traum

ein vogel ist dein traum
wo er verstummt
ist das andere paradies
dort sitzt der teufel im baum

im höchsten gipfel grinst
der schwindel im rattennest
da springt die geißel leis
aus dem kreis

zwischen hoffen und bangen
wird sein blut zur schwarzen schlange
fließt auf heißen eisen

will den mond fangen
hinter goldenen stangen
zwischen hoffen und bangen
sitzt ein höllisch verlangen

will auf wolken reiten
die wolken zerstreuen
mit einem kopfsprung
in den leeren raum

zum teufel ist dein traum
wo er verstummt
träume vom paradies
dort singt ein vogel im baum

will auf wolken reiten
die wolken zerstreuen
mit einem kopfsprung
in den leeren raum

die zeit im neuen kleid

die zeit geht von urbeginn
mit einem schlag im zeigersinn
die unruhe ist da

die zeit im dünnen kleid
hilflos überspannt
die zeit zu zweit
es tut mir leid
du meine zeit

ich sah in dein gesicht
wer bist du
ich bin
bin geboren zu suchen
hab mich verloren im licht
im dunkel bleibt das glück

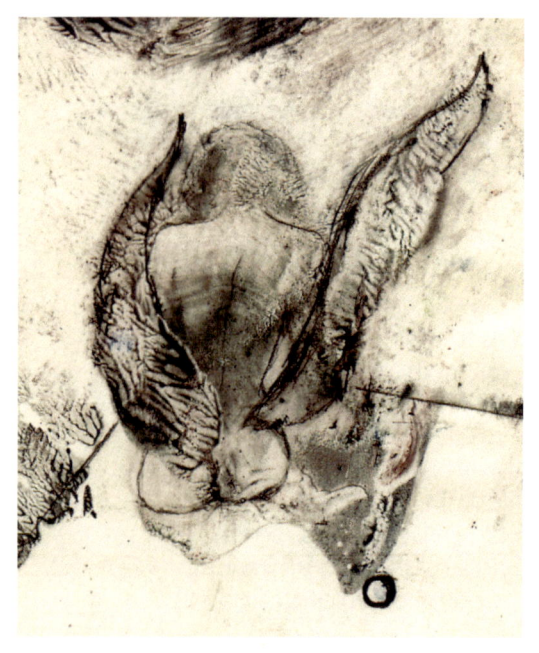

flieg vogel flieg

wohin mit deinem kleid
wohin mit deinem gefieder

flieg vogel flieg
flieg in dein verstecktes ziel

flieg vogel flieg
für mich ins abendrot

flieg vogel flieg
setz dich nieder auf die glut

flieg vogel flieg
in deinem neuen kleid

flieg flieg flieg
flieg in dein verstecktes ziel

im käfig perlen der zeit
freiheit irgendwann

konkav konfex

kalte augen suchen dich
im spiegelnassen asphalt
besteigen den regenbogen
die krümmungen
die wogen
lichtgeboren

feuchte entspannte wogen
verlassen den regenbogen
nach dem schauer
in die dunkelheit
so kurz ist die zeit

du eitle zeit

meinst du zeitlos ist
das was bleibt
oh du eitle zeit
ob du das bist
was du scheinst

tanze auf dem eise
du barfüßige nacht
zeit die keine zeit mehr hat

hast dich verloren im licht
zeigerlos auf schwarzem zifferblatt
geborgen sicher
auf glattem eise
zum tanzen geboren

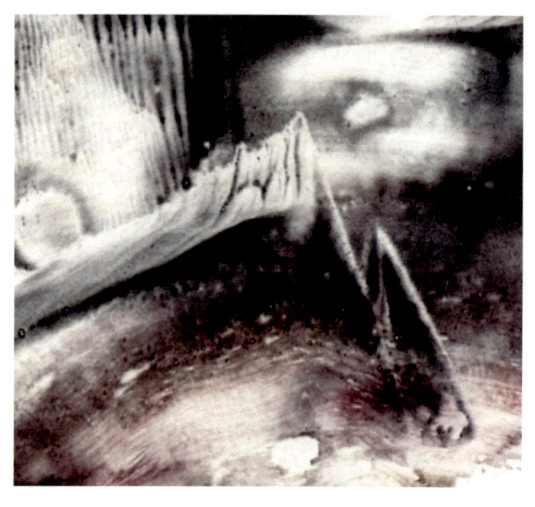

das versunkene morgen

warum hab ich ja gesagt
die letzte nacht
war das versunkene morgen
das aus dem eise brach

warum hab ich ja gesagt
rette mich wer kann
mit einer träne gebe ich
der zeit leben

warum hab ich ja gesagt
kalt ist die zeit
hält mich umschlungen
im eisigen meer

warum hab ich ja gesagt
die letzte nacht
war das versunkene morgen
das mir versprach

einst kommt der tag
da wird die verlorene zeit   wissen
einst kommt der tag
da wird die verlorene zeit   missen
einst kommt der tag
da wird die verlorene zeit ewigkeit
einst kommt der tag
da wird die verlorene zeit zeit

der autor

rudi behnke

geboren am 27. januar 1948 als erstes kind jüdisch/polnischstämmiger eltern in kyritz .

großvater jeremia war sohn der jüdischen familie römer, bankhaus in ludwigsburg. er überlebte den holocoust in venezuela. einigen familien-mitgliedern gelang die flucht nach amerika. die meisten wurden aber in auschwitz ermordet. großmutter war erika perl. sie heiratete in den 20ger jahren den gerichtsschreiber behnke, wodurch ihr erster sohn (unehelich von jeremia römer) zum namen behnke kam. dieser sohn überlebte krieg und verfolgung im untergrund in jugoslawien. nach seiner rückkehr nach deutschland heiratete er und sein erster sohn war rudi behnke.

kunststudium in wuppertal. er lebt seit 1974
als freischaffender maler und lyriker in
Oberhausen. einen eigenen stil in seiner
künstlerischen tätigkeit mit
wiedererkennungswert zu finden, sowohl als
maler und auch als lyriker, war ein langer
prozess.

die triebfeder seiner kraft ist die erotik.
ausdruck und persönlichkeit zeigen sich in
seinen erotischen miniaturen, die ihn immer
wieder inspirieren auch texte zu schreiben.
so entstand eine wunderbare symbiose.

es ist liebe zur kunst, zur begreiflichkeit des
seins.
aber auch das unbegreifliche, die
sprachlosigkeit, die ohnmacht in einer
fiktiven parallel realen welt im fokus der zeit,
leben zu lassen.

Kontakt:
Rudi Behnke
Alleestraße 133
46049 oberhausen

rubehnke@web.de
www.multi-art-oberhausen.de

© rudi behnke / edition lichtblick, oldenburg, 2014
Herstellung und Verlag:
BoD - Books on Demand, Norderstedt
Erste Auflage 2014
Alle Rechte vorbehalten, insbesondere das der Übersetzung, des öffentlichen Vortrags sowie der Übertragung durch Rundfunk und Fernsehen, auch einzelner Teile. Kein Teil des Werkes darf in irgendeiner Form (auch Fotografie, Mikrofilm oder andere Verfahren) ohne schriftliche Genehmigung des Verlages reproduziert oder unter Verwendung elektronischer Systeme verarbeitet, vervielfältigt oder verbreitet werden.
Titelbild: Rudi Behnke
Illustration: Rudi Behnke
Satz und Layout: Rudi Behnke
Die Deutsche Nationalbibliothek verzeichnet diese Publikation in der Deutschen Nationalbibliografie; detaillierte bibliografische Daten sind im Internet über dnb.d-nb.de abrufbar.
ISBN-9783735788597   www.edition-lichtblick.de